Succession de M. le Comte d'Imécourt

PORTRAIT DE LA Mse DE CHAUVELIN

PAR

J.-B. GREUZE

ET

4 AUTRES TABLEAUX

DE MAITRES ANCIENS

CATALOGUE

DE

5 TABLEAUX

DE MAITRES ANCIENS

Très-beau portrait de jeune femme

LA MARQUISE DE CHAUVELIN

PAR

J.-B. GREUZE

Deux Paysages avec ruines | Deux Amours
HUBERT ROBERT | **FRANÇOIS BOUCHER**

Le Sommeil de Jésus, **SASSO-FERRATO**

ANCIENNES TAPISSERIES

DÉPENDANT DE LA

Succession de M. le Comte d'IMÉCOURT

VENTE HOTEL DROUOT, SALLE N° 5

Le Samedi 5 Mai 1877

A TROIS HEURES ET DEMIE PRÉCISES.

COMMISSAIRES-PRISEURS :

Mᵉ SOYER, | Mᵉ MONDET,
Place du Théâtre-Français, 1. | 4, Boulevard Saint-André, 4.
Mᵉ CHARLES PILLET, | Mᵉ MAURICE DELESTRE,
10, rue de la Grange-Batelière 10. | 27, rue Drouot, 27.

EXPERT :

M. CHARLES GEORGE, 12, rue Laffitte.

Chez lesquels se trouve le présent Catalogue.

EXPOSITIONS
{ PARTICULIÈRE : le Jeudi 3 Mai 1877.
{ PUBLIQUE : le Vendredi 4 Mai 1877.

CONDITIONS DE LA VENTE

Elle sera faite au comptant.

Les adjudicataires payeront *cinq pour cent* en sus des enchères.

Paris. — Typ. PILLET et DUMOULIN, 5, rue des Grands-Augustins.

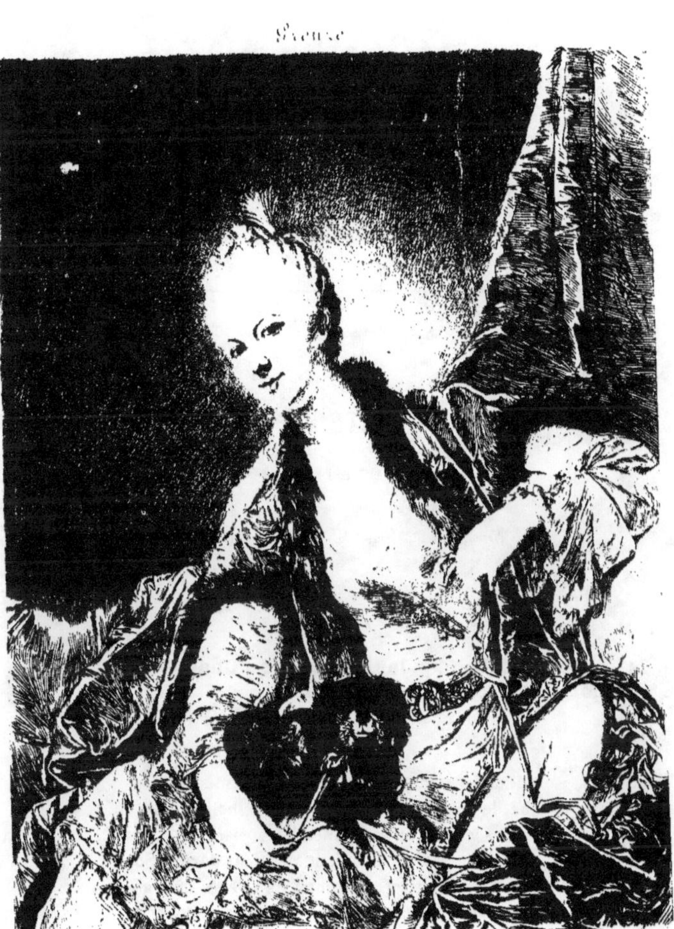

Marquise de Chauvelin

DÉSIGNATION

GREUZE

(JEAN-BAPTISTE)

Né à Tournus en 1725, mort au Louvre en 1805.

1 — Portrait de Mme la marquise de Chauvelin, âgée d'environ vingt-deux ans.

Représentée presque de face, assise sur un so-
pha, le corps et la tête légèrement inclinés, elle a
sur les genoux un petit chien havanais, attaché par
un ruban rose qu'elle tient des deux mains. Son
visage est souriant. Les cheveux relevés et déga-
geant le front sont frisés en rouleaux et poudrés.

Une aigrette blanche ajoute à la coquetterie de cette coiffure. Elle est vêtue d'une robe en satin blanc, ornée de broderies d'or et à retroussis de soie rose et d'une veste à la polonaise, sorte de pardessus à manches courtes, en velours bleu bordé de fourrure.

Ce costume est celui de Zaïre, rôle que la marquise avait joué dans une fête à la Cour, où M. de Chauvelin, qui était ambassadeur, avait la charge de maître de la garde-robe du roi.

La marquise de Chauvelin était renommée par sa beauté, et Voltaire, dont M. de Chauvelin était l'ami, y fait souvent allusion dans ses lettres.

C'est en 1765 — elle avait alors 22 ans —, que Greuze fit son portrait.

Madame la marquise de Chauvelin était l'aïeule maternelle de M. le comte d'Imécourt, de la succession duquel dépend le tableau.

D'une exquise finesse de coloration et d'une délicatesse de pinceau qui lui donnent un charme indéfinissable, ce portrait, l'un des plus beaux qui soient sortis du pinceau de Greuze, est un chef-d'œuvre de grâce et de distinction.

Toile. Haut , 92 cent.; larg., 72 cent.

ROBERT

(HUBERT)

Né à Paris en 1733, mort en 1808

2 — Le Temple circulaire.

A droite, sur un massif de verdure, arbustes et peupliers agités par le vent, se détache une statue antique, femme drapée, posée sur un piédestal. Au pied de la statue, une jeune mère, assise, allaite son enfant ; une autre femme pêche à la ligne dans un étang où baignent à demi submergés un chapiteau et plusieurs fûts de colonnes, sur l'un desquels un homme est étendu. Au second plan, à gauche, sur un amas de rocs, s'élève un temple circulaire entouré de colonnes aux chapiteaux corinthiens. Près du temple sont arrêtées trois femmes, deux debout, l'autre assise. — Fonds vaporeux.

Signé : H. ROBERT, P. ANNO 1780.

Toile. Haut., 62 cent.; larg., 80 cent.

ROBERT

(HUBERT)

3 — La Fontaine.

Trois jeunes femmes viennent emplir leurs amphores à un bassin qui reçoit l'eau d'une borne, ornée d'un mascaron antique. Derrière elles se dressent, en enfilade et formant angle droit, de hautes colonnes d'ordre dorique, seuls restes d'un temple grec de vaste proportion ; à gauche, parmi les débris d'architecture qui gisent sur le sol, un homme, accoudé sur un chapiteau, contemple une statue mutilée, encore sur son piédestal. Des collines boisées, d'où s'échappe une chute d'eau retombant en cascade, masquent l'horizon.

Toile. Haut., €2 cent.; larg., 80 cent.

Ce sont deux charmantes toiles de l'artiste, très-réussies, composées avec goût et peintes avec une extrême légèreté de touche, dans une gamme claire, brillante, d'un effet décoratif des plus séduisants.

BOUCHER

(FRANÇOIS)

Né à Paris en 1704, mort en 1770.

4 — Deux Amours.

Ils sont dans les nuées. L'un voltige, agitant d'une main une couronne de fleurs et tenant de l'autre une flèche qu'il s'apprête à lancer. Une écharpe rose flotte autour de son corps. L'autre est paresseusement couché sur le dos.

Beau spécimen du maître, signé en bas, à gauche.

Toile. Haut., 65 cent.; larg., 80 cent.

SASSO-FERRATO

(GIOVANNI-BATTISTA, SALVI DA)

Né à Sasso-Ferrato en 1605, mort à Rome en 1685.

5 — Le Sommeil de l'Enfant Jésus.

Il est endormi, nu, sur sa couchette, dans une pose adorable d'abandon, de grâce enfantine et de douce quiétude. La Vierge Marie le contemple avec un indicible sentiment de tendresse et de sollicitude maternelle; elle relève avec précaution, des deux mains, le drap dont elle va le couvrir. Une draperie blanche posée sur sa tête, comme un voile, descend sur sa robe rose, sur laquelle se drape un manteau bleu.

Rien de plus aimable et de plus touchant, dans sa naïve candeur, que ce groupe de deux figures, l'une des plus gracieuses compositions du charmant peintre des madones. C'est une toile hors ligne dans l'œuvre du maître.

Toile. Haut., 92 cent.; larg., 76 cent.

TAPISSERIES ANCIENNES

6 à 10 — Cinq Panneaux en tapisserie du XVIᵉ siècle, à personnages.

www.ingramcontent.com/pod-product-compliance
Lightning Source LLC
LaVergne TN
LVHW010857180726
843502LV00010B/3937